LES
CORRUPTEURS

ET LES

CORROMPUS

PAR

F. N. SINCERUS.

PARIS

IMPRIMERIE DE E. BRIÈRE

257, Rue Saint-Honoré, 257.

1877

LES CORRUPTEURS

ET

LES CORROMPUS

LES

CORRUPTEURS

ET LES

CORROMPUS

PAR

F. N. SINCERUS

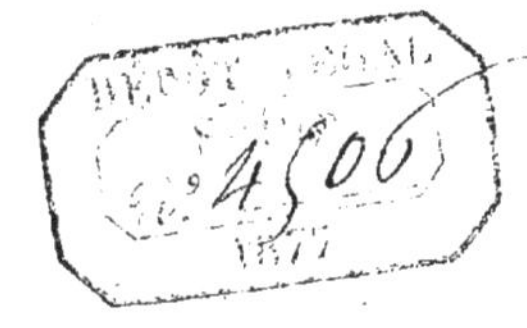

PARIS

—

1877

LES

CORRUPTEURS ET LES CORROMPUS

I

LE NAUFRAGE DES CORRUPTEURS
ET DES CORROMPUS

Bientôt seront bannis faux poids, fausses mesures,
Ainsi l'ont résolu nos modernes Augures.
Qu'ils soient bénis tous ceux qui, des consommateurs,
Dans l'intérêt commun, se font les défenseurs
Pour combattre un abus qui donne la richesse
Non à l'homme de bien, mais à l'homme d'adresse
Dont le calme parfait a pu voir sans broncher,
Dans des transactions, la fraude triompher,
Par suite, trop souvent, d'adroites jongleries
De ces heureux marchands, maîtres en tromperies

Qui, mettant à profit l'ignorance des gens,
Savent fort bien, ma foi, briller à leurs dépens;
Ils ne négligent pas de faire leur fortune
En puisant, chaque jour, dans la bourse commune.
De ces façons d'agir le public aurait tort
De se plaindre ; avec eux, il semble être d'accord ;
Cependant, il ne peut pécher par ignorance,
Car on n'a quelquefois pu passer sous silence
Les moyens frauduleux employés constamment
Par bien des fournisseurs pour gagner de l'argent ;
Mais, bah ! chacun de nous s'en va tête baissée,
Sans souci d'un conseil, au gré de sa pensée.
A se faire duper on semble toujours prêt ;
Comme un faux point d'orgueil remplace l'intérêt,
Dans notre état social, vainement on s'insurge,
On n'en reste pas moins un mouton de Panurge.

II

LE DERNIER FESTIN DES CORRUPTEURS
ET DES CORROMPUS

En ce jour fortuné, de riches Gentlemen
Convient dans un banquet les noirs Policemen
A leur dévotion, au Palais des Deux-Mondes,
Dont les cuisines sont en ressources fécondes,
Et les caves, toujours, d'après les fins buveurs,
Pleines de vieux flacons aux riantes couleurs.
On comprend aisément qu'une aubaine pareille
N'est pas à dédaigner, et chacun fait merveille.
Aussi rôtis dorés, entremets savoureux,
Aiguisent l'appétit et ravissent les yeux,
Tandis que du dîner (question capitale)
Coule dans le cristal un vin couleur d'opale.
Ce vin donne à leur teint la couleur du homard
Pour le terminer, ils boivent du vieux Pomard
Là, les Amphytrions ne font fausse mesure,
Ils procèdent plutôt à la multiple usure,
Allons, faites, Messieurs, des dupes tous les jours
Et vos sacoches d'or se rempliront toujours.

A ce doux souvenir la gaieté monte et brille,
Un feu clair bien nourri dans le foyer pétille,
On semble préluder aux joyeuses chansons,
Tous ont le meme entrain et les mêmes façons ;
Le champagne, à son tour, vient animer la fête
Quand à faire un discours le Président s'apprête.
La trame va s'ourdir : « Je suis content de vous,
» Et vous le dire ici, m'est agréable et doux.
» Voyez-vous, Policemen, c'est un honneur insigne
» D'avoir, pour nous, si bien observé la consigne.
» Je crois interpréter le commun sentiment,
» En vous remerciant de votre dévouement.
» Vous avez, depuis la réunion dernière,
» De tous mérité l'approbation entière ;
» Nous sommes convaincus, moi je le certifie,
» Que nous continuerons de gagner notre vie
» Avec vous. Lorsque vous serez dans nos parages
» De grâce détournez les yeux de nos pesages,
» Car les temps sont si durs, les gens si soupçonneux,
» Qu'il faut bien sur un mille en prendre un cent ou deux ;
» Au reste, s'il est fait un bénéfice immense,
» On saura vous donner honnête récompense ;
» Quand vous tentez un coup, sachez le combiner,
» C'est pour vous en prier que nous venons dîner
» Tous les ans avec vous. Vous nous ferez connaître
» Le point de ralliement, pour que nous puissions être
» Sur nos gardes toujours ; soyez nos confidents,
» Et vous verrez combien nous sommes bons enfants.

» De la situation nous resterons les maîtres,

» Si vous le voulez bien, si vous êtes des êtres

» A comprendre que nous tentons par les bas prix

» D'écraser nos rivaux, objets de nos mépris.....

» Vous nous garantirez notre emmagasinage,

» Les fausses quantités, en n'usant du pesage.

» Alors nous n'aurons plus à craindre aucun danger,

» Ni contraventions, ni rien à redouter.

» Les pires qualités deviendront magnifiques,

» Avec certificat signé des domestiques. »

Après ce beau discours, qui trouve de l'écho,

On bat des mains, criant : Bravo, bravissimo.

On est fier d'avoir fait de si belle besogne ;

Mais, avant de poursuivre à se rougir la trogne,

Gentlemen promettent la rétribution,

Et les Policemen bonne protection.

Puis savourant entre eux la honte grossière

De ce pacte odieux, ils la trouvent légère.

Les convives, enfin, par l'ivresse vaincus,

Au milieu de hoquets, jettent des cris confus,

Jusqu'à ce qu'au moment certain, inévitable,

On les voit trébucher et rouler sous la table.

III

LES GENTLEMEN

Amis, ne faites point de bruit
Pour recueillir un meilleur fruit ;
Mangeons bien, buvons du champagne,
Gagné durant cette campagne
Qui va finir. Point de dédain,
Nous n'en aurons que plus de gain.
Soyons unis, coûte que coûte,
Poursuivons gaîment notre route,
Sachons nous faire respecter,
Nous n'avons pas à redouter
La trahison de nos ambulances chéries,
Qui nous protégeront jusque dans les mairies
Puisque nous y comptons des gens intéressés
A nous tendre la main, amis très-empressés.
Si les consommateurs en nous ont confiance,
Les ambulances nous procurent cette chance
Aussi tout va passer, le vide comme plein ;
C'est ainsi qu'ici-bas nous gagnons notre pain
Nous pouvons procéder le cœur plein d'espérance
Et, dans notre intérêt, éviter la licence.
Buvons à la santé de notre syndicat,
A sa prospérité, bordeaux, cliquot, muscat !

IV

LES INSTRUMENTS

Tous sont joyeux, la fête est belle,
A l'intérêt nul n'est rebelle ;
Modérément on boit Blonde eau,
A l'aide d'un fin Chalumeau.
César rit tout en mangeant les Fèvre,
Maria nie et son enfant se sèvre,
Frémi court à sa part du festin,
Jean marie une fille et cherche son destin.
Enfin, paraît Tardif, les amis le Boudèrent,
Lui firent triste accueil et le dos lui tournèrent.
Tous veulent, à leur profit, peigner le fin Renard.
Le Normand, le Sellier disent: c'est un Canard !
Le Baudet vient aussi visiter l'ambulance
Et les mène au palais où se fait la bombance.
On ne pourra jamais nier, assurément,
Le levier capital de ce grand argument,
Qui doit faire passer, et moyennant finance,
Leurs horribles méfaits dans le plus grand silence.

V

LES POLICEMEN

Vous saurez, chaque jour, le quartier général,
Si vous acquittez bien notre pacte social,
Par vous, lettres seront matin et soir reçues.
Ecrites au moyen d'allumettes pointues.
Sans nous mettre en défaut, nous sommes bons enfants,
L'argent nous fait marcher et nous rend intrigants.
Gentlemen généreux, à votre domicile,
Nous trouvons bonne table et liaison facile ;
Tranquilles, vous pouvez être dans vos bureaux
Et sans peur vous livrer à des exploits nouveaux ;
On vous fera connaître aussitôt les nouvelles
De vos associés pour des fraudes plus belles.

VI

ALARMES DES VICTIMES

Depuis ce temps, les beaux et riches Gentlemen
Sont chéris, adorés par les Policemen.
Leur association contre le pauvre monde
Est l'œuvre de richards pleins d'orgueil, de faconde.
On ne pourra donc plus jamais aller au bois,
Sans requérir la garde et sans les gens de lois;
En exigeant son droit sans tomber dans un piége?
Contre tous ces gens-là, oh! que Dieu nous protége.
Si je voulais ici nommer tous ces oiseaux,
Vite, ils se cacheraient dans leurs sombres caveaux.

VII

LA SOCIÉTÉ

Vous avez corrompu sciemment notre entourage,
Dans votre intérêt seul, c'est un indigne ouvrage.
Est-ce bien d'enseigner de pareilles leçons,
En plongeant dans le mal fillettes et garçons?
Oui, pour avoir les francs vous donnez les centimes;
Vampires sans pitié pour vos pauvres victimes.
De leur situation soyez plus soucieux,
Et, dans l'occasion, montrez-vous généreux.
Le moment est venu de supprimer les gages
De ceux qui sont chargés de veiller aux rentrages;
Quant à vous, vous serez toujours, en vérité,
Des coupables aux yeux de la société;
Aussi, les magistrats, selon la loi commune,
Punissent ceux qui font trop aisément fortune.
Vous semblez vous moquer, sans cesse, de nos lois,
Et croire Du Corbeau, le Phénix de vos bois.
Tout en continuant vos antiques usages,
Vous savez trop, Messieurs, tromper sur les rentrages.
D'un cynisme grossier, quelle triste victoire,
Que vous remportez-là. Je cherche en vain la gloire
Qui peut vous être acquise en cachant sous un voile
Sacs de trente-cinq kilos, en y joignant la toile?
Est-ce assez rançonner ceux qui, dans le malheur,
Aveuglément s'en vont chez des hommes sans cœur?

VIII

CONDUITE D'UN ANE

Vous ne redoutez pas qu'une perte vous touche,
Leurs gens, le crédit, aux riches ferment la bouche.
Tout le temps que l'affreux Baudet s'en mêlera,
Pour vous tout ira bien, plus le diable en aura.
Cet âne est rempli de vices rhédibitoires.
Et ne sait faire que d'infamantes histoires.
D'une ânesse gentille il s'est amouraché,
Et d'un petit Baudet, richement harnaché,
Fruit né de leurs amours, sur le pavé qui brille,
Résonnent les sabots, sans fer et sans cheville.
Cet âne est entêté. Sa génération
Dans son cœur a placé sa triste passion.
La selle sur le dos, il est, comme une balle,
Durement repoussé par les gens de la halle,
Et pourtant ce fut là qu'une indigestion
Faillit lui coûter cher ; mais, par précaution,
Grâce aux soins assidus d'un praticien habile,
Il se fit bien traiter. La cure fut facile.
Souvent, pour beaucoup d'or, s'il put être vendu,
Ses acheteurs payaient un service rendu,
Car ils ne tiraient pas toujours de bons services
De ce piètre animal, rempli d'ignobles vices ;
Protégeant, tour à tour, les commis des facteurs,
Ses complices n'étaient qu'un essaim de farceurs.

Faisant des profits sur le gibier, la volaille,
Cet âne dissolu ne nous dit rien qui vaille.
S'il n'a point comparu devant les tribunaux,
Les assises sont là pour ses exploits nouveaux.
Si le maître pourtant connaissait sa conduite,
Comme on le chasserait, c'est tout ce qu'il mérite ;
Et c'est uniquement pour conserver son chic,
Qu'il veut se regimber contre le poids public ;
Mais quoi qu'il puisse dire, et quoi qu'il puisse faire,
Sa protestation ne fait rien à l'affaire.

IX

BLONDE EAU EST COULÉE

Blonde eau est coulée à jamais de haut en bas,
Entraînant dans sa chute, avec un grand fracas,
Les corrompus unis, en cette circonstance,
Avec les corrupteurs, gens de haute importance,
Voulant être bien vus, aimés, comblés d'honneurs,
Quoique se comportant comme des grands pécheurs,
Abominés par tous, ils sont incorrigibles
Et ne seront jamais que des êtres nuisibles.
Quand ils ont employé cette eau pour se bénir,
Ils le faisaient bien plus encor pour s'enrichir.
Si l'on tirait cette eau pour la rendre plus claire,
Je crois que le filtreur aurait beaucoup à faire.

    Or, le fin passera,
    Le gros seul restera.
    Le public, en bon juge,
    Verra le subterfuge.

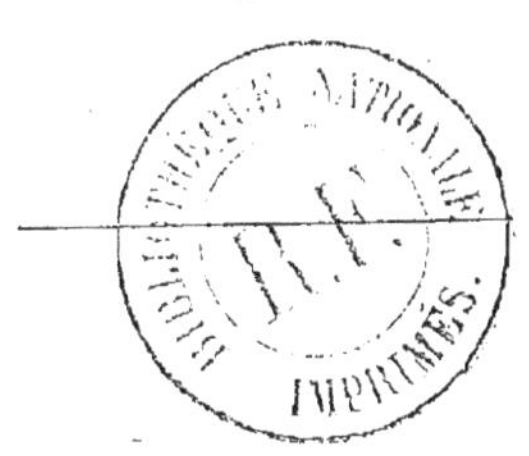

X

GRANDS COUPABLES

Par le chenal étroit du moulin d'Amsterdam
On a toujours volé le pauvre ou le quidam.
Entre deux eaux se tient perfidement Le Loutre,
Qui croque l'imprudent et qui sut faire, en outre,
Dans son chenal trompeur souffrir tous les passants
Par le vide-gousset aux nerveux tremblements.
De l'écluse gardien, Le Loutre, tout en vie,
Ecorche ses clients avec effronterie,
Pour engraisser les eaux de son chenal gluant,
Qui, de cette façon, est rendu plus coulant;
Mais quand, sur le moulin, grondera la rivière
Fangeuse et débordée, il n'est pas de prière,
Contre ce grand malheur qui le protégera,
L'eau charriant ses méfaits aux enfers s'en ira.
Alors de quel secours sera la bande noire,
Où vivent des héros d'un mépris si notoire?

> Quand la digue crèvera,
> Oui, la source infectera,
> Et le riverain s'apprête
> A célébrer cette fête.

XI

LE FOURNIER BANAL

Le Fournier procédait avec habileté,
Le public aujourd'hui connaît sa probité.
Du moulin d'Amsterdam c'est un malin complice,
Qui sait tous les secrets des gens de la police.
On croit qu'il a par trop chauffé son four banal,
Et que, sans cesse, il court du moulin au chenal,
Il court éperdûment sans que rien ne l'arrête.
Et le pauvre innocent sourit et fait la bête,
Tant il craint d'exciter chez ses riches clients,
Par la colère aigris, des mécontentements.
Il n'a qu'un objectif : Garder leur confiance,
Et, pour les endormir, quand vaine est sa science,
Des victimes s'il n'a détourné le courroux,
Il implore sa grâce et se met à genoux.

> La corde est tendue
> La mèche est vendue.

XII

LES FINS RENARDS DU TERRIER

Saint-Vincent-de-Paul et le vrai roi de Chabrol,
Ont augmenté de prix la valeur de ce sol.
Les grands hivers ont fait de nombreuses victimes.
De chez les Récollets on voyait bien des crimes.
Les moines tonsurés, voués à Saint-François,
Ont vu souvent plumer les naïfs bourgeois;
Alors les chevaux blancs jouaient le plus grand rôle,
Maint équipage était échangé, sans contrôle ;
Le tour était fait, on n'y voyait que du feu.
Comment, se dira-t-on ? C'est bien simple, ô mon Dieu !
On vendait aux clients une grosse voiture
Que petite on livrait, à ce que l'on assure.
S'ils ont parfois subi des condamnations,
Nulles ont été les améliorations.
Ils ont des sacs bourrés d'écus dans leurs armoires,
Et chez les bons clients, à toucher des mémoires
Provenant du trafic de certains minéraux
Qu'ils n'ont pas tout livrés, ou bien des végétaux.
Petit-fils, père et gendre ont, avec bénéfice,
Par association créé cet édifice.

Les fins renards guettaient, blottis dans leur terrier,
Avec leur bonne foi, ceux qu'ils voulaient duper.
Or, leurs inventions, depuis longtemps usées
Sous le dédain public attristent leurs pensées,
Ils savent se courber devant les inférieurs
Pour mieux mettre dedans les imprudents payeurs.
On peut se figurer jusqu'où va leur bassesse,
Quand on voit s'établir pareille petitesse.

XIII

LE POISSON PINCÉ

Par les Policemen le poisson fut pincé
Au moulin d'Amsterdam, dans le chenal pesé.
Ce poisson n'avait pas son poids ni sa mesure,
Tout penaud il avait insulté, par nature,
Nos lois ; il semblait fuir les eaux des Gentlemen,
Il fut vite croqué par les Policemen.
Certainement s'il eût été de cette bande,
On ne l'aurait ni vu, ni pris en contrebande.

XIV

LA BOUTIQUE DE MADELEINE

Le courageux De Sèze a défendu son roi.
Que de vols sous les yeux de Godot de Mauroi ?
Madeleine, chez toi, l'ambulance est à l'aise,
Les valets soudoyés ont trop rempli ta caisse.
C'en est assez. Hélas ! ces temps-là sont passés,
Et les oiseaux se sont prudemment envolés ;
Aussi, nul ne sera plus volé dans la rue,
Dans la boîte à mystère, à la masse inconnue.

> Le tout s'est déroulé
> L'édifice a croulé,
> Ainsi, dans cette chute,
> Tout s'affaisse et culbute.

XV

LE BEAU ROBIN DES BOIS

En maître triomphant, le beau Robin des Bois
Ne sait rien respecter, hormis ses bonnes lois,
Celles qu'il a pris soin, dans un moment suprême,
Selon ses intérêts, d'élaborer lui-même.
Cependant, il ne fait ses farces qu'en tremblant,
Bon semble être son cœur, tout en se révoltant.
Mais sa situation n'est pas digne d'envie :
Car il n'a que trompé, menti toute sa vie ;
Encore s'il savait se montrer moins poltron,
Lui, que l'opinion assimile au larron !...
C'est un bien vil métier qu'il exerce en silence ;
Aussi nulle pitié, qu'il fasse pénitence.

XVI

LE COQ DU CARREFOUR

Au carrefour le Coq amuse ses voisins,
Se fait un nid moelleux, du prix de ses larcins.
Le beau Coq par son chant inspire confiance,
On vit autour de lui, sans nulle défiance :
Tout se découvre un jour, malgré son air vainqueur,
Chacun ouvre les yeux et sort de sa torpeur.

XVII

LE CHATELAIN

Le Châtelain coupe ses bois et les envoie
De son riche château ; mais donne pour la voie
Juste sept cents kilos. Il est bien généreux
Avec les serviteurs, gens toujours dangereux,
Pour qui ne donne rien ; méchants dans leurs critiques,
Ils ne plaisantent pas, Messieurs les domestiques.
Aussi, par ses façons, il sait les adoucir
Et près des cuisiniers se faire bien venir,
Son domaine produit à foison la carotte,
En offrir aux clients, souvent, est sa marotte,
Ne croyez pas pourtant qu'il s'en fasse un devoir,
C'est un moyen certain de grossir son avoir.

XVIII

LA FRILEUSE

Le fournisseur chargé de chauffer la Frileuse
De tout temps a volé, la chose est odieuse,
La bonne dame, hélas ! qui n'y voyait pas clair,
Par inexpérience, avait manqué de flair.
En homme gracieux, son fournisseur aimable,
La chauffa, paraît-il, pour un prix respectable,
Lui donna des frissons, réfléchissant au coût,
Se disant tout bas : « Tu ne mangeras pas tout.
» Chez moi tu ne viendras pas la saison prochaine,
» Une autre déité sera moins inhumaine.
» Mes faiblesses pourront aisément se guérir,
» Et moi de ma bonté n'aurai plus à souffrir.
» Or, un jour tu pourras méditer cette histoire
» Et voir la pauvreté habiter ton armoire. »

XIX

LE MAILLOT VANITEUX

Ils ont bien eu Le cœur, pour l'attirer à eux,
De flatter le maillot de l'homme vaniteux.
Dieu lui pardonnera lorsque sonnera l'heure
De l'accompagner à sa dernière demeure ;
Malgré qu'il soit inscrit membre du syndicat,
Ses pleurs couleront au vallon de Josaphat.

XX

LE PONT-LEVIS

Le Pont-Levis jeté, de l'une à l'autre rive,
Sur le ruisseau fangeux, irait à la dérive
S'il n'était soutenu par de bons gros poteaux,
Et serait tout pourri maintenant sous les eaux ;
Il s'est toujours trouvé dans l'eau trouble à son aise,
Bien qu'on ait jugé sa construction mauvaise.
Le Pont-Levis est un passage dangereux,
Là, point de vérités, tout est mystérieux.
Il est passé dessous bien de malpropres choses,
N'ayant ni le parfum, ni la couleur des roses.
C'est là qu'on déchirait les contraventions,
Afin de n'avoir pas de condamnations.
Ceux qui se sont sauvés par cette passerelle
Sont à jamais flétris pour la vie éternelle,
Car ils savaient trop bien, eux qui sont sans vertus
Faire cause commune avec les corrompus,
On l'affirme, du moins, sans en donner la preuve ;
Mais le croire vaut mieux que d'en tenter l'épreuve.
Lorsque les deux côtés firent leur union,
On était, bien avant sa bénédiction,
Passé sur la moitié du Pont-Levis. Il semble,
Quand en face on le voit, que sa charpente tremble.

On dit aussi que le dessous du tablier
Etait avarié. L'on peut certifier
Qu'on allait aisément lui faire une visite,
(La curiosité n'est jamais interdite),
Ce qui fait qu'on pouvait contempler le dessous,
Faveur qui s'obtenait, moyennant des gros sous ;
Les destructeurs ont donc remis, comme honoraire,
Cent mille francs comptant payés en numéraire,
Pour les grands travaux qui se trouvaient déjà faits,
Non au tarif courant. Tous furent satisfaits
D'avoir appris la fin. Quant vint un misérable,
La citadelle, non, ne fut plus imprenable.
Elle fut enlevée, en un suprême effort,
En vertu, comme on dit, de la loi du plus fort.
Le Pont-Levis, rivé dans des chaînes nuptiales
A la forteresse, il fêta ses Lupercales.
Malgré sa taille souple, un jour elle tombera
En bas du Pont-Levis et se démolira,
Sa construction est pleine de tristes vices
Qui n'ont pas permis de rendre de bons services.
Autrefois, protégé par l'aigle de César,
Il put, d'Eugénie être admiré par hasard.
Elle louait partout cette belle nature,
Qui, d'après elle, était parfaite sans parure ;
Ce temps est déjà loin, il ne reviendra plus,
Espérons-le, du moins ; leurs vœux sont superflus !
Une telle amitié peut paraître bizarre,
Et pourtant, chez les grands, la chose n'est pas rare.

XXI

LA TOUR SELLIER

A la Tour Sellier on vendait de bons morceaux,
Gaguant ceux qui manquaient, sans peur des tribunaux,
A procéder ainsi, les choses sont faciles,
Quand le contrôle est fait par des agents dociles.
Le trafic lui donna des produits à foison,
Et pourtant le Renard fit crouler la maison.
Il n'aurait jamais dû pour tenter la fortune
Employer ce Renard à la mine commune,
Lui, qui garantissait livraisons à bon port
Et qui se moquait bien de faire ou non du tort
Aux gens, sachant le fait de l'orgueilleux Corbeau,
Qu'en mentant, le Renard, disait qu'il était beau.
Dans ce monde agité par la misère humaine,
Par malheur, tous n'ont pas la même bonne veine.
Pour bien des travailleurs que sera l'avenir ?
Un jour à peine éclos sur le point de finir.
Usant de son prestige, il croqua la Colombe
Dans sa cage. Les regrets l'ont conduite à la tombe ;
Comme le Corbeau, l'on sut le fin mot trop tard
Pour saper le succès de ce vilain Renard.

Hélas! par son fait seul, la Tour a succombé,
L'œuvre s'est déroulée et tout s'est écroulé.
C'est ainsi qu'en vantant le chant et le plumage
Du Corbeau, le Renard dévora le fromage,
Et la Tour, pour sa part, y perdit ses fagots,
L'habile vit toujours au détriment des sots.

XXII

L'ENFANT DE L'AUVERGNE

Sur les bords fortunés de l'antique Limagne,
L'homme de l'Auvergne est venu de la montagne
A Paris. Vierge fut son éducation ;
Mais il était adroit et plein d'ambition ;
Aussi son baluchon une fois dans sa hotte,
Il erre à l'aventure, ainsi que Don Quichotte,
Parle de ses exploits en langue du Cantal
Et devient porteur d'eau dans le Palais-Royal.
Nous trouvons le Fouchtra, plus tard, vendant la voie,
Il s'est fait charbonnier, sa crasse se nettoie,
Et quand il fut, enfin, proprement nettoyé,
Du Seigneur tout-puissant il se crut l'envoyé ;
Au milieu des clients, par mainte faribole,
Il cherchait à prouver qu'il sortait de l'école,
Et, pour en imposer, il est plus d'un malin
Que l'Auvergnat gagna par un verre de vin ;
Malgré cela, l'on sait, qu'ignorant en grammaire,
Tout son esprit est dans sa force musculaire,
Arme de ses aïeux dont il n'a pas besoin
De donner le fil pour faire le coup de poing.

Ami des marmitons, des chauffeurs, pour leurs peines,
Il donnait quarante-cinq mille francs d'étrennes,
Pour qu'à l'aide de graisse, ils puissent, aux patrons,
Démontrer la bonté, l'ardeur de ses charbons.
Promptement corrompu, l'artiste culinaire
Ne veut plus que brûler son charbon ordinaire,
Le charbon de l'intrus, qui va toujours livrant
Deux factures en main. Tout en s'enrichissant,
Il cause à ses clients des souffrances horribles,
En donnant des produits qui sont incombustibles,
Ainsi que les cailloux, la terre, *et cœtera*,
Sans compter que le poids peut-être n'y sera.
Pour grandir son crédit il va louer des rosses,
Le malin Auvergnat roule dans des carosses.
Son fort est de savoir appauvrir son prochain,
Que lui fait, après tout, le sentiment humain ?
Le bien d'autrui, pour lui, paraît très-acceptable,
En dépit du dédain public qui l'accable.
Comment a-t-il traité ce malheureux Sutter ?
Mort aujourd'hui. Ne doit-il pas le regretter ?

XXIII

LA RICHESSE DE LA CORPORATION

La corporation possède des richesses
Qu'elle a pu réunir à force de bassesses,
Elle se garderait d'indiquer son secret
Si le débat portait sur un pareil sujet.
Si l'on voulait savoir d'où ces grandes fortunes
Tirent leur origine et leurs causes communes,
Messieurs, vous seriez tous dans un grand embarras,
Et, bien que le sachant, vous ne le diriez pas.
Or, votre soif de l'or n'est jamais assouvie,
A votre probité bien fol est qui s'y fie.
Ces biens acquis dans de telles conditions,
Dont le chiffre atteint cent cinquante millions,
Seraient-ils suffisants pour effacer vos crimes,
Surtout si vous vouliez rembourser vos victimes ?
Mais, non, vous aimez mieux conserver vos remords,
Plutôt que d'avouer, reconnaître vos torts.
Malheur à qui vit dans une transe profonde,
Il croit être souvent le rebut de ce monde ;

Du bonheur d'ici-bas, il ne jouira pas,
Sa vie est un tonrment jusqu'au jour du trépas.

Ce que nous disons-là ce n'est point pour médire,
Mais pour édifier celui qui le désire ;
Telle est, nous l'avouons, la triste vérité
Sur tout ce qui se fait. C'est une iniquité !
A le mettre au grand jour le devoir nous entraîne,
A proclamer bien haut ce qui se fait sans gêne ;
Oui, nous te déchirons, voile mystérieux,
Dussiez-vous nous traiter de menteurs odieux ;
Vous avez beau tenir des langages comiques,
Et jurer que c'est faux, par serments authentiques,
On ne vous croira pas. Des preuves à l'appui,
Diront votre respect pour tout le bien d'autrui,
Et montreront à nu les infâmes rubriques
Que vous faites si bien avaler aux pratiques.

XXIV

LES ARRIVÉS DU MORVAN PAR L'YONNE

De longs siècles durant, sur les voies charretières,
Ils ont creusé partout de grandes ornières.
Ce tripotage a fait gagner des millions
Aux marchands, quelques-uns portèrent des haillons ;
Pour eux, vendre à faux poids était de l'industrie,
Quand ils savaient trop que c'est de l'escroquerie.
Ces Gentlemen venus, par l'Yonne, du Morvan,
A figure joviale et sourire avenant,
Etaient intelligents au moins autant qu'habiles,
Et souvent devenaient les banquiers des familles.
Ils faisaient un crédit, reculé tous les ans,
Ce moyen les posait en maîtres de céans ;
Mais la ruse vulgaire si souvent employée
Fit souffrir et crier à gorge déployée.

XXV

LES CLIENTS COMMENCENT
A COMPRENDRE

Ils abusent sans frein de la situation
Et font prendre en pitié notre position,
Sans peur, on peut jeter leurs vérités en face,
Car ils acceptent tout, sans faire la grimace,
Comme des compliments qui leur sont adressés,
Et pourtant ils ne sont que des gens méprisés.
On dirait qu'élevés dans les mêmes écoles,
Ouvriers et patrons n'ont que doctes paroles,
Car pour ce personnel, qui ne fait jamais qu'un,
Point d'indiscrétion est le mot de chacun,
Même pour de l'argent ; l'important bénéfice
Est qu'il faut éviter la main de la justice !
Ce nombreux personnel, parfaitement dressé,
Agit pour son patron, peu désintéressé.....

XXVI

UNE CORRECTION

Policemen, fournisseurs, garçons et domestiques,
En raison des méfaits qui leur sont identiques,
Devraient être rangés tous dans le même sac,
Et, sans les séparer, baignés au fond d'un lac,
Pour laver leurs péchés, en expiant leurs crimes,
Qui rendra le manquant aux nombreuses victimes?

XXVII

LEUR PROPRIÉTÉ EST MENACÉE

La défiance, à son tour, est enfin arrivée,
Et la prospérité, de fait, est menacée.
La mesure porta sur les petites cordes ;
Alors on découvrit les trames de ces hordes.
Après ces aperçus dans le moment fatal,
Le trouble qui survint fut bientôt général.
Gens de précaution, se moquant de l'usure,
Ils changèrent bientôt pour le poids la mesure ;
Car, faute d'instruments de pesage, ma foi,
Ils ne tomberont pas sous le coup de la loi.
Ce fut là que du Pont se découvrit le vice,
Et qu'à leurs intérêts tout se montra propice.
Leurs coupables exploits les ont tous enrichis ;
Des gênantes entraves ils se sont affranchis.
Par la création d'impures ambulances,
Ils ont pu propager, établir leurs agences,
Faisant ainsi passer les petits pour les gros,
Et livrant pour un mille moins de sept cents kilos.
Délaissant les petits, qui font la concurrence,
Le public assez sot donne la préférence
A ces marchands qui se disent modestement
Etre le haut commerce avec un air charmant.

XXVIII

SAUVÉS SOUS LE PONT-LEVIS

Leur fraude, cependant, quelquefois découverte,
Ne leur fit pas subir une réelle perte ;
Car si, par un hasard, ils se trouvaient pincés,
Aussitôt ils couraient, comme des insensés,
Sous l'arcade du Pont-Levis courber la tête,
Ces grands seigneurs repus que la peur seule embête ;
Alors on déchirait leur contravention ;
Pourtant ils méritaient une punition
Pour les fraudes sans nom dont ils étaient coupables,
Sans compter leurs forfaits qui sont abominables ;
Mais la discrétion ne peut toujours durer,
Et la discorde enfin devait les dénoncer.

XXIX

ON SONNE LE GLAS FUNÈBRE
DE LEUR SYSTÈME

Quand de leur triste fin tinta le glas funèbre,
Ils étaient furieux ; ce fut un jour célèbre,
Le jour où, réunis alors en grand conseil,
Leur désespoir parut à nul autre pareil.
Le dénonciateur du vol organisé,
A semer la terreur s'était un peu pressé.
Ils se sont dit alors : Procédons en silence,
N'ébruitons pas ce qui trouble la conscience,
Cessons de nous vautrer dans ces malpropretés,
Entre nous excepté, mais dans nos comités.
Sur la tête du Pont-Levis furent jurées
Des résolutions longuement combinées.
Courbons le front sous le poids de nos actions,
Fort honnêtes pourtant sont nos intentions.
Nous allons ajouter que c'est avec usure
Que nous chargeons le poids, remplissons la mesure,
Espérant que, par là, nos fidèles clients
Continueront vers nous, puisqu'ils seront contents.

Avec un peu d'aplomb nous ferons bien en sorte
Qu'ils nous recevront, loin de nous mettre à la porte ;
Que nous n'emploierons plus la chaux pour nous blanchir,
C'est un mauvais moyen fait pour nous enrichir.
Divulguer nos secrets, la raison le repousse,
Il vaut mieux procéder sans la moindre secousse.

XXX

LES INCONVÉNIENTS DU GRELOT

Celui qui fait sonner ce terrible grelot
Par nous sera perdu. Là-dessus pas un mot.
Serions-nous assez sots pour permettre qu'il dise
Toutes nos vérités avec trop de franchise.
C'est briser l'avenir de notre cher métier,
Qui nous donne à chacun le droit d'être rentier.
A nos bons procédés il s'est montré revêche,
Et, pour nous ruiner, il a vendu la mèche,
En prouvant au public, d'après le prix coûtant,
Que sur notre débit nous perdons vingt pour cent,
Voulant dire par là qu'en servant la pratique,
Toujours avec l'appui de la gent domestique,
Quand nous livrons, des deux cinquièmes nous trompons
Nos acheteurs, et que nous sommes des fripons.
Les poids publics portant une mortelle atteinte
A nos agissements, à la liberté sainte,
Comment payer patente, en sus de nos loyers,
Au gouvernement qui protége nos foyers?

Le truc est éventé. Délaissons le trafic ;
N'essayons plus en vain de tromper le public.
Pour pouvoir engraisser Policemen, domestiques,
D'écus il nous faudrait posséder des fabriques.
Seuls nous ne pouvons plus être les fournisseurs,
Ni donner le vrai poids à tous ces Monseigneurs.

XXXI

LA SOCIÉTÉ MAUDIT CES FAISEURS
ELLE ESPÈRE DANS L'AVENIR

En dépit des soutiens des abus qu'on déplore,
Chaque position lentement s'améliore.
Bientôt les poids publics, en tous lieux établis,
Remplaceront des us à jamais abolis ;
Nous les contemplerons tout remplis d'espérance,
Car pour aucun de vous penchera la balance.
Démolir un système à jamais rejeté,
Secrètement conçu contre l'humanité,
C'est remplir un devoir, d'autant plus qu'on assure,
Que vous ne livrez pas, s'il faut poids et mesure,
Vous pensez opérer dans le plus grand secret,
Sans craindre les propos d'un compère indiscret,
Adroit dans son métier, à vous servir habile,
Quand il voit de l'argent et la face et la pile.
Si le client ne sait votre formation,
Il commence à flairer la machination.
De ce marché honteux, qu'une entente parfaite,
Vous fit, le verre en main, passer un jour de fête.
Vous taisant à propos, vous donnez prudemment
Facture générale au dernier chargement,
On n'y voit que du feu. Plus d'un client qui jure
D'être à votre merci, maudit votre mesure.

XXXII

LA PLAIE DE LA SOCIÉTÉ

Vous grelottiez et l'air était sec et glacé,

Il vous fallait du feu, c'était nécessité.

Si vous pouvez penser qu'ici notre remise

A fait baisser le poids de votre marchandise,

Dites-le franchement. Nous sommes résignés

A partir sur-le-champ. Les bons par nous signés

Sont exacts. Nous touchons la remise de suite,

C'est vrai ; mais songez-y, vous ne soldez qu'ensuite.

On nous faisait signer dans les dépôts divers

Tout ce que l'on voulait. Vivent les grands hivers !

Le temps qui fait trembler est ce qui nous égaie,

La bise fait enfler notre porte-monnaie ;

Cependant nous gagnons bien plus sur les repas ;

Mais dans ce cas là nos gages ne comptent pas,

Nous marquons au kilo ce qu'on prend à la livre,

Le bourgeois ne voit pas le poids qu'on nous délivre ;

Les maîtres sont toujours contents du bon marché.

A savoir nos exploits ils n'ont jamais cherché ;

En dépit des cancans faits sur les cuisinières,

Les plus habiles sont dans les arts culinaires.

Le fournisseur facture au mille son envoi

Et le chef est content des six cents qu'il reçoit.

Pour leurs vrais intérêts les maîtres sont novices,
Ils ferment les yeux sur nos petits bénéfices,
Pourvu qu'à leurs désirs nous paraissions soumis,
Sans cesse ils nous croiront leurs plus fervents amis.

XXXIII

LES PAYEURS ÉCLAIRÉS

LES PAYEURS

Les domestiques sont, de nos maisons, la plaie
Pour les marchands rusés leur zèle nous effraie.
Ils pratiquent le vol jusqu'en notre foyer ;
Ne pouvant s'en passer, il faut bien les garder.
Aussi, disons-le haut : Fi de la valetaille,
Car, petit à petit, en préparant la paille
Qui doit, par ses calculs, nous servir de berceau,
Elle touche l'argent, devient notre bourreau.

LES SOUS DU FRANC

Nous ne demandons qu'à laisser les marchands faire,
Pourvu qu'ils n'oublient pas notre petite affaire.

LES PAYEURS

Les marchands sont fripons aussi de leur côté.
Qui leur sert d'instrument pour voler à leur gré ?
Nos serviteurs, car cette hypocrite engeance,
Des marchands reçoit notre argent et fait bombance.

LES SOUS DU FRANC

Tenez vos intérêts, demandez du crédit,
Songez que la remise est à notre profit ;
Avec les sous du franc notre état est prospère,
Vous ne payez pas la marchandise plus chère.

LES PAYEURS

La remise pourtant que font les fournisseurs
Coûte, vous le savez, le triple aux acheteurs.
C'est le vol souterrain, perfide, qui menace
De se perpétuer en laissant nulle trace.
Les maîtres ont tort de permettre aux serviteurs,
A leur gré, de prendre ou changer leurs fournisseurs ;
Car ils se font jouer, ainsi qu'on le répète,
Puisque les livraisons ne se font qu'en cachette ;
Quand le client n'a pas payé l'addition,
Il est de ces marchands à la discrètion.
Que coûte le crédit ? Les deux yeux de la tête.
Quand on prend à crédit, on n'est pas à la fête.
Qu'ils vendent leurs produits un raisonnable taux
Les marchands tripotiers cesseront d'être faux,
Ils chasseront les gens aux remises avides
Et leurs créances n'en seront que plus solides ;
D'autres fois des objets, sont, par duplicité,
Vendus beaucoup moins chers que le prix acheté.
D'honnêtes négociants enrayant les affaires,
Ils rêvent la ruine au fond de leurs repaires.

XXXIV

SÉCURITÉ POUR L'AVENIR

Les poids publics, bientôt dressés dans la cité
Seront la sauvegarde et la sécurité
De tous ses habitants. En dépit des injures
Les nobles mutilés guériront leurs blessures,
Béniront du progrès les bienfaits en tout lieu
Et du fond de leur cœur, ils prieront le bon Dieu.
Nous, nous consolerons leurs enfants, et ces êtres
N'auront plus à trembler comme faisaient leurs pères,
Ni redouter l'effet d'un juste châtiment,
Etre plus estimé vaut bien un peu d'argent !
Avoir raison neuf cent quatre-vingt fois sur mille,
Et le publier c'est à chacun être utile,
Car il ne faut jamais du mal se réjouir ;
Mais blâmer les abus et tâcher d'en sortir.
Du dédain des impurs il faut que l'on se moque,
Ma foi, tant pis pour eux si le grand jour les choque.
Mettons devant les yeux de la société
Le flambeau lumineux que craint l'obscurité,
Dussions-nous attirer sur des noms respectables
La haine et la fureur de tous les grands coupables,
Ne craignons nullement d'être persécutés
Car nous combattons les pires sociétés.

XXXV

LES VOLEURS SONT LA HONTE DES HUMAINS

Les fourbes, des humains, sont à jamais la honte,
Le sentier raboteux qu'ils prennent baisse ou monte;
Il faut donc l'aplanir, les guider si l'on peut,
N'est pas un honnête homme, ni fripon qui le veut.
Or donc, si dans le vol, les pauvres sont blâmables,
Autant les riches sont des êtres méprisables.
Que Dieu nous gare de cette calamité
Qui fait tant gémir et rougir l'humanité.
Quand l'immoralité se dresse triomphante,
Puisse-t-elle aux regards être si repoussante,
Que, malgré les attraits de ses déguisements,
Elle cède la place aux nobles sentiments.
La science de l'homme élève la parole
Et la religion l'épure et le console.
Aussi, l'homme qui veut demeurer dans l'erreur
Jette à tous les vents des lambeaux de son honneur.
Fortune mal acquise est peu digne d'envie
En dépit du brillant qu'après elle s'allie.

Dans l'opulence, il faut, avec virilité,
S'efforcer de lutter en cas d'adversité.
L'élu de la fortune à l'origine impure,
Ne pourra jamais que fréquenter la roture,
Quand bien même il aurait de grands appartements
Pour flatter son orgueil et cacher ses tourments,
Car à leurs possesseurs, ces fortunes fangeuses
Donnent de longs remords et des peines coûteuses.

XXXVI

L'INDIGENCE ET L'OPULENCE

Dans les cœurs pervertis, muets sont les remords,
Le méchant n'entend pas les sublimes accords
Qui nous viennent du ciel. La horde criminelle
Vit trop peu pour payer la correctionnelle.
De l'intrigue le lien est jusqu'au fil usé,
Grâce au procédé dont vous avez abusé
A votre seul profit. La timide indigence
Est plus noble, à nos yeux, que certaine opulence
Acquise on sait comment, dans des marchés honteux,
Toujours au détriment des pauvres malheureux.
Le juste aimera mieux, au ruisseau qui murmure,
Bien plutôt qu'au torrent puiser une onde pure ;
Le ruisseau, dans son cours, promène la fraîcheur
Tandis que le torrent est ruine et malheur.
Bien qu'ils soient de la vie une parfaite image ;
Imiter le premier, c'est se montrer plus sage.

XXXVII

L'HONNÊTE NÉGOCE

La cupidité perd où entache l'honneur,
Par elle la vie est pénible et sans saveur.
Rien n'est plus attrayant que l'honnête négoce,
Il donne un air riant comme en un jour de noce,
Et celui qui travaille avec activité
Sans souci des méchants, fier de sa probité,
N'a point à redouter la stupide insolence
Ni le dénigrement; calme est sa conscience.
Les sans-cœur, il est vrai, en se moquant de tout,
Semblent les plus heureux, en tout temps et partout ;
Mais dans le fond, pour eux, le respect est si maigre
Qu'il n'atteint pas celui qu'on a pour l'homme intègre.
On n'aura donc jamais pour l'homme qui vous ment,
Aucun élan de cœur ni noble sentiment.
Les lâches traitent les pauvres comme les riches,
De se montrer cruels les gueux ne sont pas chiches.
Qu'ils fassent leur magot, car le temps n'est pas loin
Où d'implorer le ciel ils auront grand besoin,
Sûrs de l'impunité, cela les encourage
A suivre leurs penchants. C'est leur plus bel ouvrage !

XXXVIII

L'ENFER EN PERSPECTIVE

L'opulence qu'ils ont acquise effrontément
En trompant le public causera leur tourment.
Ils pensent éviter, se croyant en mesure,
Dans un monde meilleur, la vengeance future.
Erreur ! l'Enfer sera le prix de leurs méfaits,
Et les humains dupés, heureux et satisfaits,
Leur diront : « C'est trop tard pour faire pénitence,
Des êtres tels que vous voilà la récompense. »
Grossissant leur fortune au détriment d'autrui
Ils doivent succomber sans trouver un appui.
C'est ainsi que celui qui, sciemment s'isole
N'a plus auprès de lui l'ami qui le console.
On n'a jamais raison de se montrer rétif
Aux préceptes divins pour soigner son actif.

Quand ils ne trouvent pas la vente avantageuse
Ils ne refusent pas une affaire véreuse.
Entourés d'associés, gagnés à prix d'argent,
Par eux la vérité ne sort pas aisément.
Aussi, nos magistrats, impuissants à les prendre,
Contre ces hommes-là n'ont pas d'arrêts à rendre,

Ce qui fait que jamais, de ces marchands richards
Pour s'assurer du poids on n'arrête les chars.
Allez donc leur parler de paix et de concorde
A des gens qui, cent fois, ont mérité la corde.

> Dieu vous contemple de là-haut,
> Sur vos chars mettez ce qu'il faut.
> Malgré vous la vieillesse arrive,
> Le remords dans le cœur se rive
> Du pécheur par trop endurci,
> De vous ayez plus de souci,
> Pensez souvent à vos victimes,
> Rendez-leur les triples décimes
> Qu'en leurs bourses vous avez pris
> Et bien des gens seront surpris.

Redoutez de l'Enfer la flamme dévorante,
Craignez d'être jetés dans sa chaudière ardente,
Sous laquelle Satan, armé d'un Chalumeau
Fait un feu que, bien sûr, n'éteindrait pas Blonde eau,
C'est un supplice affreux. En bonne conscience,
Vous pouvez l'éviter en faisant pénitence.
Dieu ne demande que mortification
Et de l'argent volé la restitution.
La mort peut vous frapper en moins d'une seconde.
Hâtez-vous, avant de partir pour l'autre monde,
De vous purifier par votre repentir.
C'est votre moral seul qu'il s'agit de guérir.

XXXIX

CONSEILS AU REPENTIR DES GRANDS PÉCHEURS

Confesser vos péchés est chose très-facile,
N'en plus commettre peut être plus difficile ;
Pourtant le poids public au bien vous aidera,
Changez votre système et Dieu vous bénira.
Fuyez les gens impurs, vivez dans la sagesse
Et vous triompherez du mal, et d'allégresse
Tressailleront vos cœurs. En pensant au trépas,
Vos âmes, en priant, en Enfer n'iront pas.
Honnêtes vous serez, c'est là qu'est la science,
Car l'honneur, en tout temps, inspire confiance,
Alors vous donnerez juste poids forcément,
C'est un point exigé du nouveau règlement.
Avant de commencer votre dernier voyage,
Lavez-vous et laissez-là votre triste bagage
En ce monde croupir dans son impureté,
Si vous voulez la paix durant l'éternité,
Sans quoi de son courroux la Justice céleste
Vous poursuivra partout, parce qu'elle vous déteste.
Ne faites point sonner vos millions si fort,
Car, malgré vos discours, Dieu vous donnerait tort.
Soyez humbles, soumis, ainsi qu'aux ambulances,
C'est un moyen certain d'adoucir vos souffrances,

XL

NE PAS ESSAYER DE LIVRER VOS PÉCHÉS
A FAUX POIDS

Du céleste séjour où trônent les élus
Vous serez les bourreaux (si vous êtes exclus)
De vos âmes ; pourtant, depuis votre baptême·
Vous pouvez arriver jusqu'aux pieds de Dieu même.

Mais quand viendra le jour du Jugement dernier,
Où justes et méchants viendront justifier
Leurs erreurs d'ici-bas, l'emploi de l'existence,
Chacun sera placé dans la même balance,
Récompense sera donnée aux plus parfaits
Et les cruels tourments réservés aux méfaits.
C'est en vain qu'on voudrait employer l'imposture
Pour glisser ses péchés dans la fausse mesure.
Soyez donc avertis, Messieurs les Gentlemen
Soyez-le donc aussi, Messieurs les Policemen,
Que par mensonge ici la fraude est impossible,
Essayer d'en user serait chose nuisible.
Imitez les élus vous serez avec eux,
Libres de toute peine, au séjour des heureux.

XLI

DEMANDE EN GRACE A LA BONTÉ DIVINE

O mon Dieu, répandez votre bonté divine
Sur ces pauvres pécheurs dont la tête s'incline
Devant vous. Donnez-leur le repos éternel,
Car ils semblent glacés par un effroi mortel.
Ne voyez plus en eux ces pécheurs émérites
Aux fronts astucieux, aux mines hypocrites.
Ils n'ont pas été sourds aux sentiments du cœur,
Leurs cheveux sont blanchis aujourd'hui par la peur ;
S'ils vous ont offensé par ancienne habitude,
C'est qu'ils niaient du ciel toute béatitude,
Ils croyaient éviter vos regards et vos lois
Quand des voitures pleines ils prenaient quelquefois ;
Occupés à grossir le nombre des victimes,
Ces gens ne songeaient pas à l'horreur de leurs crimes.

XLII

NOS PRIÈRES A DIEU DE LEUR ACCORDER LES CIRCONSTANCES ATTÉNUANTES

Seigneur, s'ils méritent considération,
Daignez leur accorder la compensation
Qui rendra moins amer le moment du supplice,
Celui d'annihiler leur sordide avarice.
D'habitude on livrait soixante-dix pour cent,
Encore on se plaignait. Qu'eût-on dit autrement?
Ils ne caressent plus leurs funestes chimères ;
Du vol qui les nourrit ils oublient les mystères ;
C'est que les poids publics sont en formation :
Pour eux, cette mesure est une expiation.
Seigneur, pardonnez-leur la subite faiblesse
Qu'ils ont tous éprouvée, en un jour de détresse,
Au delà du tombeau, grandement désolés,
Quand ils ont entrevu leurs gros sous envolés.
Vous êtes généreux, prenez soin de leurs âmes,
Oh ! ne les livrez point aux éternelles flammes ;
Juste pourtant serait votre punition ;
Mais tout marchand peut faire une bonne action.
Or, daignez, en faveur des femmes innocentes,
Accorder les circonstances atténuantes.

XLIII

VEUILLEZ, SEIGNEUR, ACCORDER
AU COMMANDEUR ET A SA BANDE
LA LUMIÈRE ÉTERNELLE

Mon Dieu ! ne leur donnez plus aucun Commandeur :
Il glisse trop souvent sur les lois de l'honneur.
C'est un titre, pour lui, vaniteux et funeste
Qui ne le mettra pas dans la route céleste.
Quand on n'appartient pas à cette faction,
On est sûr d'encourir la contravention
Qui, pour les associés, facilement se lève ;
Mais que sur l'opposant sans pitié l'on prélève,
Si de la bande l'un se trouve être pincé,
De par le Commandeur, le crime est effacé ;
C'est un homme puissant, leur suprême refuge,
Qui vient les soustraire à l'autorité du juge.
Hors la bande, exerçant un pouvoir absolu,
Il n'est ni probité, ni grandeur, ni vertu.
La ruine des uns fait le profit des autres,
Le bonheur est acquis au détriment des pauvres.

Les membres composant cette association
Obtiendront-ils un jour leur absolution?
Seigneur, vous verrez si cette belle victoire
Ne mériterait pas un peu de Purgatoire;
Mais il faudrait pouvoir les sauver de l'Enfer
A la condition que le prix en fût cher.

XLIV

SEIGNEUR, PARDONNEZ-LEUR
PUISQU'ILS CROYAIENT QUE LIVRER
A FAUX POIDS N'ÉTAIT PAS VOLER

A défendre leur cause on aurait une excuse
S'ils expiaient l'erreur dont chacun les accuse.
Il est vrai qu'ils en ont largement abusé ;
Mais, hélas ! aujourd'hui le truc est trop usé ;
Complices, les gardiens librement laissaient faire,
Et ne défendaient pas les fraudes, au contraire.
Point de bascule pour contrôler si le poids
Était exact, ou si l'on pouvait quelquefois,
Sans crainte, pofiter, dans certaine mesure,
Des gains réalisés, grâce à leur imposture.
Ne sont pas seuls fautifs, après mûr examen,
Les riches Gentlemen ni les Policemen ;
Il faut associer, outre les domestiques,
Les maîtres trop confiants qui protègent ces cliques.
La coalition dont le vol est le but,
Avec ses millions, était pauvre au début.
Elle a pu rapiner, de semaine en semaine,
Pour son luxe insolent et son riche domaine,

Grâce au prélèvement fait sur des livraisons
Qu'elle faisait entrer dans de riches maisons.
Aux jeunes pardonner, ce serait duperie,
Ils auront le temps de rendre leur tricherie ;
Mais épargnez, Seigneur, les débiles vieillards
Par la peur blémis, qui, de leurs yeux hagards,
En face de la mort les touchant de son aile,
Entrevoient les tourments de la vie éternelle.
Si quelquefois ils ont manqué de dignité,
Ils sont, en ce moment, remplis d'humanité.
Par le froid, ils pourraient fort honnêtement vivre,
Sans trop gagner. L'argent rend parfois un homme ivre !
Mais le soleil qui vient, par sa douce chaleur,
Dissiper les frimas ne fait pas leur bonheur.

       Aux gros contribuables
       Loyers considérables,

Ce qui fait que, dans les longues morte-saisons,
Les marchands sont tentés, excités des démons.
Ce fut en cet état qu'Ève mangea la pomme
Et, tout en la croquant, perdit le premier homme.
Mieux que personne, Dieu, connaît l'humanité,
Ses faiblesses, ses torts et son iniquité.
Qu'il daigne être clément, même aux marchands cupides,
Qui jadis ont acquis des fortunes rapides.
Du négoce illégal le dernier jour a lui,
Puisque les poids publics se dressent aujourd'hui
Dans différents quartiers. Qu'aux remords ils succombent,
Qu'ils soient persécutés, ces peines leur incombent !

XLV

CONCLUSION
DANS LE REMORDS ILS SUCCOMBENT

Pourtant prions pour eux, prions du fond du cœur,
Afin qu'ils soient reçus dans le sein du Seigneur.
Les voilà maintenant sur le bord de la fosse,
C'est la commune loi que la mort nous impose,
A quoi leur sert ici leur désir insensé,
Et leur amour de l'or si longtemps caressé?
En ce jour, dévorés par des fièvres brûlantes,
Leur cœur bat violemment et leurs mains suppliantes
Se tendent vers le ciel. Pour eux plus d'avenir,
D'épouvante saisis, ils vont bientôt mourir
Et pénétrer enfin l'insondable mystère.....
A Dieu plaise que la terre leur soit légère !...
Pleins des secrets de Dieu, dans l'horizon vermeil,
Peut-être verront-ils se lever le soleil
Qui brille dans le ciel, ignoré sur la terre
Et qui répand là-haut des torrents de lumière,
Ou bien pour leurs méfaits, ainsi que Lucifer,
Seront-ils comme lui, destinés à l'Enfer?
Meurt bien qui sait mourir la conscience nette,
C'est une vérité que sans cesse on répète.

Soyez calmes, pécheurs, et ne gémissez pas,

Le seul bonheur pour vous doit être le trépas.

En face de la mort, arrivant impassible,

Garder vos péchés est une chose impossible.

Quitter ce monde injuste, subtil et si trompeur

Cela doit réjouir et charmer votre cœur.

Le vrai bonheur n'est pas fixé sur le rivage

Où réside la mort au sinistre visage,

Qui, sans attendre, hélas! l'espace d'un moment

Vous brise et vous convie au dernier jugement.

Vos péchés ne sont pas toujours impardonnables,

Allons repentez-vous, vous serez excusables.

Et calmes vous rendrez votre dernier soupir,

Même, à votre chevet, Dieu pourra vous bénir.

En adressant à Dieu la dernière prière

Nous nous inclinerons devant votre poussière.

Peut-être serez-vous au nombre des élus,

Si vous savez à temps arrêter les abus,

Surtout si vous avez une fin méritoire,

Nous verrons à ne plus haïr votre mémoire.

Quant cet abus sera de nos us effacé,

Nous chanterons tous : *Requiescat in pace!*

Paris.—E. Brière, imprimeur breveté, 257, rue Saint-Honoré.